L'ALSACE A LA FRANCE

PAR

UN MAGISTRAT ALSACIEN

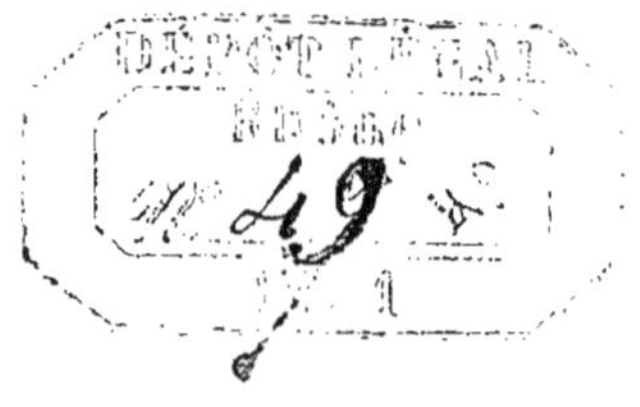

LYON

P. N. JOSSERAND, LIBRAIRE-ÉDITEUR

3, PLACE BELLECOUR, 3

Février 1871

L'ALSACE
A LA FRANCE

Mon sol a fait partie de cette ancienne Gaule dont Rome a admiré le courage et qui, sous un nom nouveau et plus illustre, devait si puissamment influer sur les destinées du monde. Déjà le Teuton enviait mon abondance et ce fut d'abord dans mes plaines qu'il rencontra les aigles de la grande cité. Moi, comme mes sœurs de la Gaule, j'inclinai pour Rome, car elle nous apportait les lois, les arts et les pensées des sages, puissants attraits au réveil de notre longue torpeur. De Rome aussi allait nous apparaître l'aurore plus salutaire encore et plus aimable de la vérité qui délivre les enfants des hommes. Je n'ai rien oublié de ces choses et ma terre en montre partout les témoignages antiques.

Un jour, observant la défaillance des vieux peuples, le barbare de nouveau s'enhardit à franchir mon fleuve. Il ne m'apportait rien si ce n'est la destruction et la mort, et le souvenir de sa route sanglante reste à jamais empreint dans le nom de ma métropole anéantie [1]. Puis le

---

[1] Le nom d'*Argentoratum* remplacé par celui de Strasbourg, *ville de la route*. Armes : une bande rouge, rappelant le passage des Vandales et d'Attila.

Burgonde, l'Alaman, le Sicambre séduits par ma beauté me choisirent pour leur demeure. Leur race s'est mêlée chez moi au Séquanais celte, au légionnaire de l'Italie ; elle a formé un peuple nouveau, porté vers la lumière, déjà prêt à réagir contre les sombres envahissements du Nord.

Deux grands faits de l'histoire du genre humain, deux de ces événements par où Dieu renouvelle les nations m'ont eue pour leur témoin privilégié. Ici, aux yeux de Constantin, le signe du salut rayonna sur l'empire des vieux âges qu'il venait rajeunir ; mais comme cet empire, dans sa décrépitude, avait trop peu répondu au secours régénérateur, Clovis, chez moi encore et dans un suprême effort contre les assauts de la barbarie, conçut la pensée du baptême, et de cette inspiration miraculeuse la France naquit [1].

Telle a été, ô France, ta noble origine ; et parmi tes sœurs, les nations chrétiennes, il ne s'en voit point qui égale ni cette antiquité, ni cette noblesse qui t'a été donnée du Ciel. Fille aînée de l'église, nouveau peuple choisi, substitué divinement à l'empire, fondé pour chasser les ténèbres, pour conserver l'intelligence, surtout pour étendre le royaume du Christ, en ce moment, France, j'étais à toi, et durant des siècles j'ai vécu de ta vie.

Adalric, Béreswinde, avec leur postérité d'âmes saintes et de cœurs forts, et la fleur aimable de leur tige, Odile, toujours honorée au milieu de nos campagnes populeuses sur un mont sacré, m'ont été donnés par la la France latine et neustrienne [2]. Alors la piété et les lettres fleurissaient dans mes manoirs et mes monastè-res, pendant que l'erreur brutale dominait au-delà du

---

[1] Sur les raisons qui fixent en Alsace non-seulement l'apparition de la croix de Constantin, mais le vœu de Clovis et sa victoire, plutôt qu'à Tolbiac, voir les historiens de la province, notamment Laguille.

[2] Aldaric ou Étichon, père de sainte Odile, est appelé *vir gallici generis*. Béreswinde était parente de la reine de Neustrie et de saint Léger qui est, avec Odile, un des patrons de l'Alsace.

Rhin, car le grand Boniface n'avait point paru et la rebelle Germanie était encore assise dans l'ombre de la mort. A côté d'Odile et d'Attale, Léger, né d'un même sang, le martyr d'Autun, l'antagoniste des tyrans, le saint évêque de l'Église et le grand citoyen des Gaules, est invoqué avec prédilection sur mes autels, et son nom, aimé de mon peuple, témoigne que l'Alsace a été d'abord une fille de la France.

Cette France devint si grande par sa fidélité et par son courage qu'elle réunit enfin sous sa tutelle souveraine presque tous les enfants du Christ. Par elle, les forêts sombres de la Germanie s'éclaircirent et entendirent la bonne nouvelle.

Repoussant d'une main l'Africain fanatique, de l'autre renversant les dieux du Nord, à la même heure elle entourait de puissance et d'éclat la chaire où s'énonce la vérité, et, reine du monde, elle partageait sa couronne avec le pasteur des âmes. Mais les âges avaient fui et l'ordre de l'univers allait changer. Des races venues de toutes parts pour être entées sur ce tronc généreux s'y étaient avivés de la sève chrétienne, pénétrées d'un esprit nouveau. Désormais, comme des plants féconds dans le verger du père de famille, elles allaient pousser des racines et mûrir les fruits accordés à leur nature. Au grand empire franc succédait la chrétienté et sa république des nations ; mais celle qui avait initié les autres conservait au milieu d'elles sa dignité, et les âges chrétiens l'ont nommée le plus beau royaume du monde.

La séparation inévitable ne pouvait s'accomplir sans déchirement et j'eus à en souffrir toutes les douleurs. Encore une fois la Germanie me disputait la Gaule. Les ambitions et les fautes des hommes, de la part de quelques-uns l'indigne félonie m'arrachèrent malgré moi à ma patrie antique et à la mère de mes premières pensées. Lorsqu'un prince revenu d'outre-mer invoqua

sur l'Austrasie les vieux droits de sa race, mes grands et
mes pontifes l'appelèrent de leurs vœux et le soutinrent
de leurs efforts. Toutefois le nombre des armées et
l'événement des batailles prononcèrent contre le sang de
Chalemagne. Un autre sort me fut assigné ; je dus partager les destins d'une puissance nouvellement apparue,
et pour des siècles confondre ma vie avec celle du peuple allemand. Il restait de quoi me plaire dans cette con-
dition mêlée de rudesse féodale, de servage, mais aussi
de fières libertés, et j'ai pu m'y soumettre sans désa-
vouer tous mes vieux et nobles souvenirs. Puis, vinrent
les jours de l'apostasie. L'Allemagne déchira la robe du
Christ, et, par une rétribution épouvantable, elle en vint
à déchirer son propre sein. Qui pourrait redire ces jours
de châtiment et de colère dont une génération put à
peine épuiser l'amer calice? Attila semblait revenir sur sa
trace de sang. Mes villes restèrent désertes ; mes champs,
devenus stériles, se couvrirent d'ossements blanchis.

Brisée, agonisante, je me retrouvai dans les bras de
la France, et d'abord je ne sus pas la reconnaître. Tant
de vies d'hommes écoulées, une séparation sept fois
séculaire avaient mis entre nous comme un abîme
d'oubli. Pourtant j'avais un ressouvenir. Je savais
que des rois très-chrétiens avaient été mes princes,
aînés dans l'Église de Dieu. Je me rappelai Clovis et
les eaux sacrées de Reims, Dagobert, Charlemagne ;
et alors, envisageant la France, je la reconnus grande
et sans égale au milieu des nations. En ce temps, cou-
ronnée de la victoire, inspirée du génie de la poésie et
des arts, elle subjuguait le monde par son héroïsme,
l'éclairait de sa pensée et l'attirait par sa grâce. Sa monarchie, son sacerdoce éloquent et sublime, sa société
intelligente, aimable et fière, représentaient l'idéal de
la grandeur. Elle me conviait à ses gloires, elle me pro-
posait de justes lois. Devant le peuple fidèle se rouvrait

ici le temple incomparable élevé jusqu'aux cieux par la
piété des ancêtres, mais dont, avant tous, les vieux
rois de la France avaient de leurs mains posé les fonde-
ments. Les voûtes attristées s'étonnèrent d'ouïr les
hymnes de Sion et tressaillirent d'une joie divine [1]. Et
cependant les fils indociles vivaient en paix, égaux et
libres parmi leurs frères [2]; car l'oppression, je ne l'ai
point connue, et j'étais accueillie comme l'est une fille
préférée par une mère indulgente. Je me sentis heureuse
de lui être rendue, je l'aimai, après l'absence, d'un plus
fort amour; je lui donnai mon cœur, mon sang, mon
bras ; j'aidai par de hauts faits à rehausser sa grandeur,
à achever son unité, et la frontière, où je montais la
garde sous ses rois, il n'a pas été donné à l'ennemi de
la franchir.

Dans le déclin même de cette illustre monarchie,
je n'ai point eu lieu d'appeler sa chûte et n'ai pas éprouvé
de jours mauvais. Mon peuple, loin de la tyrannie des
exacteurs, grandissait nombreux et prospère, ma terre
multipliait sa richesse et j'étais contemplée au seuil de
la France comme un de ses plus nobles ornements [3].

La grande ruine arriva enfin, précédée d'un souffle
de liberté et d'espérance, suivie d'un souffle de terreur.
Le généreux espoir, je l'avais partagé, les crimes, je
n'y ai point trempé, et si un sang fraternel a rougi ma

---

[1] On a vu jusqu'à nos jours de simples artisans faire célébrer une messe
annuelle pour Louis XIV, qui rouvrit au culte catholique la cathédrale de
Strasbourg.

[2] Les édits contre les religionnaires n'ont jamais été applicables aux luthé-
riens d'Alsace, qui avaient conservé sous l'ancien régime leurs droits civils et
politiques, certaines prérogatives, la liberté de l'enseignement et du culte, les
menses des églises et la dotation de l'université protestante. Ces fondations ont
survécu à la révolution qui a confisqué celles des catholiques.

[3] L'Alsace n'avait aucun motif pour souhaiter une révolution, a dit M. le
conseiller Réville, au début de ses savantes études sur le régime révolutionnaire
dans le Haut-Rhin. La prospérité de cette province au dix-huitième siècle, suc-
cédant à la dépopulation et à la misère où la France l'avait trouvée, est constatée
par l'histoire et la tradition des familles.

poussière, ce fut par des mains qui n'étaient pas françaises [1]. Mais en ces jours, l'amour et l'honneur de la
patrie ralliaient les Français dans mes camps, aux bords
du vieux fleuve des Celtes. Je les ai vus, en fils indignés,
et avec une force invincible, se dévouer pour une mère
que noyaient le sang et les larmes, repousser loin
d'elle les insulteurs, et couvrir d'un voile ses horribles
plaies, le voile d'une gloire éblouissante. Avec eux se
rangeaient des premiers et comptés entre les forts,
les hommes que ma terre produit. De tout lieu sur la
terre atteint par l'épée française, du Nil ou du pôle
glacé, la renommée renvoyait des noms de l'Alsace.

Ces noms, dans les fastes de la patrie, ne seront pas
effacés ; il y a de mon sang dans tout celui qu'elle a
perdu, et je suis dans tous ses triomphes. Lorsqu'après
trop d'éclat, et en châtiment d'un rêve insensé, elle
retomba épuisée d'efforts, comme partout je l'ai suivie
dans son infortune, la première à souffrir, la dernière à
combattre, toujours intrépide, fidèle, inséparable [2].

Et maintenant, au retour d'une même épreuve, qui
peut croire que mon âme aurait changé? Et que me
veulent ces derniers venus de l'histoire? Ils m'invitent
à partager leur banquet, à me ranger sous leurs étendards? Je recevrais de leurs mains des armes, pour
qu'on me demande, plus tard, un parricide? Non, cela
ne sera pas. D'ailleurs, je tiens à ma noblesse, et n'entends pas oublier le baptème de Reims, source limpide de la France, pour l'apostasie de Kœnigsberg d'où
ils sortent. Bien avant que leur nom de Prusse fut prononcé, je m'étais retrouvée française. En vérité, je suis
ancienne dans la famille et il m'appartient, comme l'aî

---

[1] Le trop fameux proconsul Schneider était un allemand.

[2] Les garnisons de l'Alsace, principalement fournies par la garde nationale
ont tenu jusqu'après la chute de Napoléon.

née, de montrer l'exemple de la fidélité et du dévouement à de plus jeunes sœurs. J'en ai sept qui se nom-
ment: Flandre, Franche-Comté, Lorraine, Corse, Avignon,
Nice et Savoie. Il m'en souvient et elles ne l'ont pas
oublié, elles entraient en ma présence, non sans le
secours de mon bras, pendant que je veillais aux portes,
satisfaite du noble fruit de mes travaux, appuyée sur
mes armes victorieuses [1].

Il est bien vrai, le peuple de la Germanie avait en moi
une amie libérale et hospitalière, une médiatrice pleine
de bienveillance. J'estimais son travail, je vantais son
savoir à ma patrie. Ses hommes se jugeaient heureux
d'habiter dans mes villes et d'y vivre du pain de la
France. Mais ma bonté facile et exempte de soupçons
n'était pas l'oubli de ce que je suis, de ce que je veux
être. Ils l'ont connu et ils n'ont point pardonné à ma
constance. Qu'ai-je recueilli, grand Dieu ! Ceux que
mes mains avaient nourris et que mes toits avaient ré-
chauffés sont devenus les guides, le conseil de l'envahis-
seur sans pitié. Ils marchaient devant lui par le détour
du chemin pour surprendre mes frères; le lieu propice
pour écraser le mur qui les abrita, ils l'avaient appris, et
ils le marquaient.

Puis tous ensemble ils me disent de m'unir à eux
et me parlent de je ne sais quels bienfaits à venir. Je
vois cependant ma noble cité en cendres; sous des rui-
nes hideuses je vois du sang qui découle, le sang des
innocents et des faibles; je vois les dépôts de la science
anéantis, les monuments des siècles affreusement dé-
vastés. Et comme si la terre ne suffisait pas à leur fureur,

---

[1] L'Alsace a été réunie en 1648; la Flandre en 1668; la Franche-Comté en
1678; la Lorraine en 1766; la Corse en 1768; Avignon en 1797; Nice et
la Savoie en 1860. On voit la fausseté de cette phrase rebattue : « l'Alsace
est la dernière venue dans la famille française. » L'érection du royaume de
Prusse date seulement de 1700.

j'ai vu un boulet sacrilége atteindre dans les cieux la croix la plus haute qu'aient jamais élevée en l'honneur du Christ les mains des hommes, des mains allemandes [1]!

Mais que me sont mes injures ? Je souffre dans ce qui m'est cher et ne pense point à moi-même. Terrassée et captive, l'inaction est mon mal suprême en cette heure de la patrie. Ma main cherche un fer, mais elle est enchaînée; ma bouche voudrait parler, mais ils savent quelles seraient mes paroles et ils étouffent ma voix. Ah ! c'est jalousement qu'ils me gardent ! La France à tous les instants saigne pour moi, et de cette vue ils ont fait mon supplice. O douloureux éveil de mon cœur ! Impétuosité de mon affliction et de mon désespoir ! Vous, merci, mes nobles enfants qui, chaque jour, échappés à leur inquisition, emportez au champ du péril l'héroïque ferveur que vous avez prise dans mon sein.

Elle saigne pour moi ! Et le remède à ses maux serait peut-être en ma puissance ! Oui, j'irai, je la supplierai, moi la première, de quitter une lutte inhumaine et de me laisser à mon sort, de permettre que, pour la sauver, je cesse de lui appartenir. Mais non, elle est trop grande ! M'abandonner sans déchoir, elle ne le peut sans tomber au-dessous de son ennemie. Sa grandeur, son unité, c'est elle-même. En elle tout est cœur, et sa vie est dans ce qui lui appartient. Ailleurs on n'éprouve point tout le charme de la patrie et les autres hommes ne peuvent comprendre ce qu'il y a pour la France dans des cœurs français, quelle force est celle du lien qui lui attache ses enfants. Voyez et connaissez quel a été son privilége. Tout peuple qui, durant trois âges d'homme, a partagé le destin de la France, lui demeure uni par le fond de son être; leur union est parfaite comme le diamant et la dissolution en est impossible. L'histoire le pro-

---

[1] Le 15 septembre 1870 à midi.

clame, moi je l'atteste et mes sœurs s'accordent dans ce témoignage. Cherchez ailleurs une Irlande, une Pologne, une Vénétie : ici respire une seule âme, il y a une France.

Je veux être à elle, parce que je suis elle ; et puis, sachez-le, je ne veux point être à vous. La main que vous me tendez m'est horrible, cette main qui, pour abattre le courage des forts, tue derrière eux les enfants et les faibles femmes. Hommes de la Baltique, à l'œil dur et au cœur glacé, chez vous la cruauté est savante, la valeur sans magnanimité, le triomphe manque de grandeur et la justice est un sophisme. Rien ne rappelle en vous la générosité de l'Europe chevaleresque ou même la simplicité de l'honnête Allemagne. D'autant plus haineux que votre rivale est plus touchante et qu'il lui reste une dignité et une grâce que vous ne saurez lui ravir, malgré toutes vos sciences, malgré ses fautes et ses faiblesses, vous la sentez supérieure à vous. Un je ne sais quel attrait de l'âme est pour elle, non pour vous. Le monde est moins attentif à vos succès qu'à son étonnante infortune, et, s'il contemple en elle une victime condamnée, coupable peut-être, mais non envers ceux qui la frappent, en vous, il ne voit rien de plus que le couteau sanglant. Je le demande à tous les grands cœurs : lequel dans tout l'univers ne choisirait, plutôt que vos prospérités, sa détresse et son héroïque agonie ?

Et moi, je vous choisirais ? Un moment vos sophistes vous l'ont fait croire, mais ma fierté les a démentis et vous êtes désabusés, je pense. Je suis comme une vierge poursuivie, malgré son cœur, par un prétendant abhorré, qui, ne pouvant en faire une épouse, veut maîtriser au moins ses mépris et la retenir dans ses fers. Hélas ! Cette extrême désolation me serait donc réservée, de voir, sans la secourir, ma France aimée précipitée de sa grandeur, de la perdre et de me séparer d'elle, ravie par le bras même, le bras détesté qui l'assassine ! Car la guerre qu'ils lui font n'est point comme les autres guerres des siècles. Qu'est-ce que cette fureur et cet acharnement barbare ? Est-ce la vengeance ? Jadis, il est trop vrai, la France a porté chez vous le fer, mais dès longtemps la vengeance était accomplie et vous en avez été rassasiés. Vous aviez détruit ses soldats, vos vainqueurs, foulé son sol, humilié sa capitale, repris ses trophées et emporté ses trésors. Depuis ces temps, deux générations avaient passé dans la paix, et, durant la moitié d'un siècle, votre peuple en foule et par centaines de mille a reçu d'elle l'accueil de la bonté, trouvant sa société douce, ramassant sa richesse, peut-être plus heureux en France que le Français lui-même. Plus d'un a préféré cette terre, et en a fait choix au lieu de sa patrie. D'autres l'ont trahie et vous y ont amenés. Est-ce là votre injure ? non, cette guerre n'est pas celle de la vengeance, ni celle de la liberté, ni même de l'ambition. C'est la guerre de la haine, d'une haine grandissant de tout le mal qu'elle accomplit et tellement propre à vos âmes froides, que l'infortunée vaincue ne saurait, dans son cœur plus large, parvenir à l'égaler jamais. On voit le fond de vos pensées implacables. Le but souverain et vrai où vous aspirez, ce n'est point de triompher ou de conquérir, mais c'est de tuer la France, et puis, d'ôter du monde de nobles choses qui vous importunent, qu'elle était née pour défendre et dont, parmi tant d'écarts, d'oublis criminels, et de chûtes lamentables, elle reste encore le premier soutien parmi les hommes.

Après le meurtre, n'appréhendez-vous rien de la profondeur et de la durée de mes ressentiments, et attendez-vous que je m'en laisse distraire ? Quand vous aurez brisé, de votre main indifférente et dure, l'union qui m'est plus chère que ma vie, aurez-vous à m'offrir rien qui me contente ? Ou espérez-vous peut-être que

je vous sois une compagne facile? Je mettrais vite en
oubli et mes affections suprêmes et, de toutes mes dis-
grâces la plus mortelle, celle d'avoir à suivre votre
sort? Les malheurs de la France, partagés après sa
gloire, tout ce qu'elle souffre pour moi et tout ce que
je sacrifie pour elle, mes familles en deuil, navrées, mais
orgueilleuses des vides que leur a faits la mort, le sang
de mes fils répandu en ce moment sans mesure et dont
chaque goutte, comme un ciment tenace et indes-
tructible, me rattache plus fort à leur patrie, ces
choses me laisseraient sans nul souci? Mais vous avez
vaincu ; regardez. Est-ce que les cœurs ont fléchi autour
de vous? Que sont pour vous mes femmes, mes vieil-
lards et mes enfants presque au berceau? Après de
longues années, vous le savez, le moribond, nom-
mant la France dans sa bénédiction dernière, en recom-
mandera la mémoire à ses petits-fils. Le jeune enfant,
qui forme ses premiers mots pour nommer sa patrie et
vous repousser, gardera mes traditions pour les trans-
mettre à un autre siècle, vous le savez. Vous travail-
lerez sans fin pour éteindre mes souvenirs, et bien avant
qu'ils achèvent de s'éteindre avec ma dernière espérance, il faudra que des tombes aient recouvert des
tombes. Je n'ignore point vos industries, je sais ce
qu'on me prépare, et, dès à présent, vous êtes à l'œuvre.
Expulser le citoyen fidèle, attirer et fixer l'étranger,
refouler l'habitant du sol sous la pression de votre race
envahissante, d'abord hôte modeste et puis se redressant
pour dominer avec empire, vos voisins l'ont tous
éprouvé, le Wende, le Scandinave, la Pologne malheu-
reuse. Lorsque vous m'aurez ôté jusqu'à mon sang, et
que mes familles auront disparu du pays de leurs pères,
alors vous vous glorifierez de m'avoir conquise; mais
alors l'Alsace ne sera plus.

O France ! baignée de sang et abattue sur tes armes

brisées, les nations le contemplent avec une stupeur
étrange et leur cœur s'est glacé d'effroi. Nulle part une
main secourable. Remettons notre cause au juste juge,
et devant lui rendons nos derniers combats. Qu'il voie
notre union et que, lui seul, il la protége. Si, dans un
conseil incompréhensible, il souffre qu'elle soit brisée
par un barbare, France, je ne perdrai jamais la mémoire.
Sept siècles française et sept siècles allemande, j'ai partagé la vie de tes jeunes années pour te rejoindre dans
les temps de ta plus noble grandeur. Non, France, je ne
perdrai jamais ta mémoire. Et même, après ta chute de
si haut, nous faut-il quitter toute espérance? Est-ce la
ruine, ou plutôt n'est-ce pas l'épreuve? Épreuve, hélas!
non imméritée et que les sages avaient prédite. Quelles
erreurs et quels guides malheureux t'ont conduite au bord
de l'abîme? Des hommes de mensonge ont résolu de te
séduire, et, connaissant ce que Dieu t'avait faite, ils ont
parlé avec perfidie à ton âme sensible et à tes généreux
instincts. Et connaissant pourquoi Dieu t'avait faite, ils
ont retourné ta force et ton génie contre l'œuvre que tu
devais servir. En tout, le contraire de ta vocation. Et on
te vit alors abattre ce que tu avais édifié, disperser ce
que tu avais amassé. Toi, la plus ancienne des nations,
ils t'ont fait renier toute chose de ton passé, toute tradition de tes pères, dans une fureur étonnante de mé-
connaître et de calomnier et tes gloires et tes grands
hommes et toi-même. Toi, des nations la plus noble,
ils t'ont faite l'ennemie de tout respect. Toi, la fille
aimante de tes rois, on t'a déchaînée contre la race qui
a construit ton empire, et, souvenir ineffaçable d'horreur!
on a couvert tes mains de leur sang Toi, fille héroïque
et préférée de l'Eglise sainte, tu as combattu contre le
Christ, le poursuivant dans l'autel où il repose, dans les
pontifes qui transmettent sa parole, dans l'Europe qui
t'avait pour devancière dans la foi et à qui tu appris à le

blasphémer, et enfin (le dirai-je? et veuille le Dieu qui pardonne ôter de toi cette réprobation) dans le cœur des pauvres qu'il est venu consoler. Ils sont là toujours, appliqués à leur œuvre auprès de ton peuple. Ils lui ont comme enseigné l'ignorance, car il ne sait plus rien de ce qui l'honore et il n'en veut rien savoir. Quel renversement, grand Dieu ! et comment expliquer ce mystère? Hélas ! par ta mission elle-même que le ciel t'avait donnée si grande. Ceux qui conspiraient sa perte pensèrent la vaincre, s'il était donné de te tourner contre elle, née que tu étais pour la servir, et avec la sagesse du mal, ils ont songé à tout dénaturer en toi, à te faire étrangère à toi-même. Comme celui qui, méditant un crime, renferme le poison dans une urne élégante, afin d'offrir la mort plus sûrement, ils ont confié au charme de tes lèvres la négation et le doute recueillis dans cette même Allemagne qui t'apporte aujourd'hui la cruelle peine et les fléaux.

Ainsi, tu as travaillé pour amener ta ruine, et on n'achèverait point de dire ce que tes séducteurs t'ont fait commettre contre ton honneur, contre ta grandeur, contre ta vie. Toute action d'un être en sens opposé à sa nature, altère les sources de sa vie, et déjà, hélas ! des yeux sagaces avaient noté en toi les symptômes de la défaillance. Tu soutiens la lutte contre ta rivale avec une plus rare jeunesse, pour avoir méconnu les lois saintes de la famille. Réputée la plus forte et la plus intelligente, tu es vaincue par la force et aussi par l'intelligence dans ce même art de la guerre où tu ne connaissais point de maîtres. Et déjà il se répète dans le monde que ta chute vient d'une faiblesse intérieure et secrète, et que ta force est épuisée à jamais.

O France, éloignons ce triste augure, et consens toi-même à te sauver. Par un noble besoin qui vient de ta naissance, tu ne peux exister sans une foi et sans un dévouement. Tu ne peux servir faiblement ni la vérité ni le mensonge. De là tes grandeurs et de là aussi tes fautes immenses. Tu peux choisir encore, et le Dieu qui t'a si libéralement dotée et pour des fins si belles, attend l'heure de ton retour. Ah ! fais qu'elle soit prochaine. Reprends les chemins désertés où sont pour toi l'honneur, la félicité et la puissance. Confesse ton Dieu et suis sa loi, honore la famille, couvre de ta force la faiblesse et le droit, respecte l'ordre, fondement de la juste liberté, surtout aime et défends la vérité, source de tout bien. Tes beaux traits originels ne sont pas effacés encore. Que de ressources pour une vie nouvelle et quels gages de résurrection ! Parmi tes infidélités, que de tendances généreuses, d'œuvres saintes, de travaux bénis ! En ce moment, quelles morts héroïques et quel sang versé dans l'embrassement du Christ !

Le Ciel te regardera et tu ne périras point, mais tu grandiras de nouveau. J'en attends le jour qu'il a marqué, moi ton amie désolée, mais constante. Et qui pourrait craindre cet avénement, si ce n'est la cruelle ennemie ? Qui s'attristera et ne se réjouira point de voir la plus sympathique des nations vouer à la cause du bien et de la sagesse ce courage et ces dons exquis, charme et ressource de l'univers, par où tout peuple sur la terre trouve en toi quelque chose d'une Patrie ? Que Dieu te sauve de ton angoisse infinie et guide ta destinée par sa bonté puissante ! Moi, France, quel que soit notre sort, non, je ne perdrai jamais ta mémoire !

FIN

LYON. — IMPRIMERIE PITRAT AINÉ, RUE GENTIL, 4.